AF402857

Solgul og Orange

Digte

Solgul Og Orange – Digte

Forlag: Books on Demand GmbH, København, Danmark
Tryk: Books on Demand GmbH, Norderstedt, Tyskland

*ISB:*978874300276

INDHOLD

GODT BEGYNDT...

DEN SORTE DIGTER

ASTRONAUT MED KYS OG KÆRTEGN

LYSERØD DAG

ET DIGT UDEN RIM ER IKKE SÅ SMART

JEG VIL LE MENS SENGEN RYSTER

DEN GODE ENDE

GODT BEGYNDT....

Solgul og Orange

Der kommer sne siger de
men du er rejst mod syd
og jeg visker dine sidste ord
væk fra mine sorte vægge
da jeg fjerner gardinerne
smiler solen svagt ind

Skyerne er bare til pynt I dag
og det blå virker nymalet
I går var det forår
men jeg bærer vinteren ud I dag
glem mig sagde du
og jeg husker alt hvad vi så

Vi rejste sammen fra min seng
den sidste morgen
se de svaner sagde du og pegede
er de ægte
ja svarede jeg med et smil
og malede vingerne hvide

Nu maler du mine tanker

I solgul og orange

jeg vælger at gå alene

til søer bag skoven I dag

vil kvitte mine tanker

men beholde dine farver

Som jeg har det I dag

er det okay at være brugt

savnet føles rigtigt

som tørt ved på et uddøende bål

her fra bænken

glæder jeg mig til resten af livet.

Flugten

Jeg flygter I nat

flygter ud af rummet

ud I rummet omkring denne intethed

som er min fængselscelle

Det er heller ikke I nat jeg vil dø

siger jeg til den brunøjede skønhed

som køre mig til centrum

Jeg lod papiret ligge tomt

for alle de ord som natten lang

har kværnet rundt I min hjernegryde

jeg sidder på bagsædet

knækker møjsommeligt min sidste blyant I stumper og stykker

fra det nedrullede vindue spreder jeg dem som atomer

ud over den måneoplyste Vesterfælledvej

chaufføren råber op om miljøsvineri

jeg former venstre hånd til en Colt 45

og plaffer hende ned bagfra

Da hun sætter mig af ved pisserenden

mumler jeg undskyld

og stikker hende en ekstra hund

jeg vil sgu heller ikke være morder I nat

Larmen fra klirrende glas og fulde folk

suger mig ind på det nærmeste værtshus

jeg elsker dem som stadigvæk tror

at man kan drikke det hele væk

og jeg deltager helhjertet I deres forsøg

på at holde verden fanget

udenfor de støvede vinduer

Jeg flygter I nat

stikker af fra mit skrivebord

og de uendelige rækker af ord og sætninger

den lange kø af skrigende digte

som allesammen vil skrives nu I nat

de 1000vis af notater på gule pandelapper

jeg flygter ud af en drøm

som påstår sig en million gange

mere virkelig end virkeligheden selv

Jeg flygter I nat

følger englenes spor ud I kosmos

jeg vil mærke mit blod pumpe som vildtfarende stjerneskud

og hænge mit liv op I tynde tråde langs mælkevejen

på kanten af verden vil jeg elske med Venus

jeg vil flygte gennem et utal af galaxer

ikke ti vilde engle kan bære mig hjem fra stjernerne I nat.

Af og til

Af og til står husene på nakken af hinanden

og byens floder skrumper til små kanaler

I disse måneløse nætter

sejler jeg rundt I egne tanker

Af og til sejler hele byen på kanten af vanvid

driver folk på må og få mellem små oaser

I disse endeløse nætter

balancerer jeg på kanten af verden

Af og til leger jeg med tanken om at være en båd

uden sejl og ror drivende om på verdenshavet

uden tanker og mål

bare åben mod livet og stjernerne.

Afskedskys

Jeg står ganske stille

forstiller et træ I en blid sommerbrise

mine blade kalder

ud ud

sanserne tigger

mere mere

båden slipper kajen

trækker mine sidste tårer med sig

ud ud

Prøver febrilsk at spole tilbage

men filmen er knækket midt et afskedskys

som når sommerskyer uden varsel bliver sorte.

Dit gode hjerte

Jeg har lånt dit hjerte I nat
fik bare sådan en lyst til at være god
gå ud og favne verden med bløde arme
og kysse hver eneste sjæl på min vej

Jeg vil hilse pænt på min dumme nabo
lægge blomster på rådhusets trappe
vaske og skrubbe springvandet på torvet
for mørkegrønne alger og gamle glasskår

I nat vil jeg elske alle folk I byen
som en julemand vil jeg dele bløde pakke ud
og love masser af sne I vinterferien
jeg vil kun sige smukke ting og smile kærligt

Når jeg så endelig bliver træt af at være god
vil jeg blidt lægge det tilbage I dit bryst
kysse dig ømt varmt som tak for lån
og luske stille hjem med smil på mine læber.

Maleri

Du tog et fast tag I mig

og rev mig ud af mit grænseland

det bekvemme sted

hvorfra jeg kunne overskue

både drøm og virkelighed

Stolt viste du mig rundt og frem

jeg var din sagde du

lod mig I samme håndbevægelse

vide at du aldrig bliver min

Nu piller jeg stumper ud af drømmen

og kæmper febrilsk med at passe dem ind

I dit smukke kolde maleri af virkeligheden

"Jeg er hjemme klokken 5" sagde du

nu spekulerer jeg på hvor jeg er til den tid.

DEN SORTE DIGTER

Skriften på muren

Jeg spænder ord på ryggen

som sorte englevinger

og flyver ud I natten

Drysser støv at splid

og intrigante rim

ud over byens tage

Jeg blander mig

med fryd I dine drømme

og stjæler bøgerne I din reol

Og når du vågner

må du læse skriften

her på muren

og måske en dag du fatter

at vi ingenting forstår

og intet ved.

Kamæleon

Som Strunges anarkistiske kamæleon

kan jeg pludselig smide masken

og vise dig en ny

Modholdninger og livsformer er mit speciale

mit sind kan skiftes ud

som sommerkjoler

Farver og nuancer

er mit legetøj

mit humør er som legoklodser

På en god dag

danser jeg med livet

og døden I mine hænder.

Den sorte digter

I nat vil jeg være den sorte digter

jeg vil punke byen rundt

og skrive mørkevers

på hver en husmur

Jeg vil luske ind

på de mest beskidte knejper

og skrive min gravskrift

I bunden af hvert eneste ølglas

Jeg vil skrive undergangen

ind I dine drømme I nat

som en kulsort Grundtvig

vil jeg danse dødedans

med Midgårdsormen

Jeg vil drikke mig pløret

I tårerne fra dine blå øjne

og se dig kigge længselsfuldt

efter mine lyse sider

Som en rusten stormklokke

vil jeg skrige min smerte

gennem byens kloakrør

på kanten af vanvid vil jeg rafle

om en sidste omgang med døden

nu I nat.

Fucking klog

I nat vil jeg drikke mig hønefuld
og blive så skide fucking klog

så vil jeg skrive digte til månen
og regne ud nøjagtig hvor lang tid
det vil tage mig at glemme dig

Jeg vil spille punkmusik for katten
og pisse I alle naboens urtepotter

I nat vil jeg være sindssyg fra 1 til 5
jeg vil ligge på lur under din hovedpude
og skræmme din nuttede drømmeprins ad helvede til

jeg vil samle dine fodspor til en lænke om min hals
og sætte hele min samling af ølkapsler ind
I tavlespillet om dine smukke øjne.

Til forveksling

Det er ikke alle dage
der ligner begravelser
til forveksling

jeg køber kolde øl I Fakta
og stiller dem op
som dominobrikker
på mit havebord

I dine øjne
er skyer fulde af savn
og lange nætter

som slæbebåde
venter ved sluser
drømmer jeg
I en uendelighed.

Fra bagsædet

Dage **som ligner liv**
snegler sig forræderisk afsted

Mit spejl smiler som en pokerspiller
alle lyver glædeligt uden blusel
jeg magter Ikke mit smil I dag
lader det hænge I skabet
og støvsuger gaderne målløst

Ja livet gør ondt siger min kioskdame
og ryster ondskaben ud af dagens avis
det er ikke alle drømme der holder vand
råber hun da jeg modløst siver ud I strømmen
hvor livet venter med tikkende taxameter.

Glemsel

Med et kvælende livtag

kaster jeg mig ud I glemslen

og lander tungt ved kirkens lukkede dør

"Næste gudstjeneste søndag kl. 10,30" lover et skilt

det er kun torsdag

jeg knæler mellem to røde biler på parkeringspladsen

og idømmes taknemmeligt en hel perlerække af Ave Maria 'er

Som en søvngænger tumler jeg videre

og stopper fuld af trøstetrang

foran byens andet store tempel

Købmanden smiler lokkende gennem ruden

I hans køledisk famler jeg og finder 6 kolde elefanter

Med øl og 20 Cecil under armen

lander jeg som en vingeskudt bombeflyver

I parken med det tilstoppede springvand

på en ensom bænk bruger jeg resten af eftermiddagen

på at spærre dig inde bag lås og slå

I min overfyldte glemselshjerne.

Enden

Jeg forsvarede bare mig selv
forklarede jeg mit spejl
og trak skyndsomt kasketten
over den røde streg
som langsomt
men sikkert
bredte mig over mit ansigt

Jeg savner tålmodighed
med dig
råbte jeg og tænkte
alene med mig selv
at det nok nærmere
var mod
jeg manglede

Jeg ville jo ikke
at det skulle ende
så dårligt
græd du
ned af trappen

Men alt ender
vel dårligt
hvorfor
skulle det ellers ende.

Hjemmestrikket svinehunde

Jeg elsker at lulle mig ind

I dine lyserøde drømme

elsker at svæve på hjemmestrikket skyer

Nyder når du aer min nakke

og kærligt kysser min kind

jeg bliver vild når du smiler

dit allermest sexede smil

Og når du hvisker I mit øre

"Min skat du er en engel"

så smiler jeg saligt

kysser dine søde læber

Og tysser kærligt

på mit kobbel af indre svinehunde.

Kold og hjerteløs

I nat gik jeg op på højen
og flåede mit hjerte ud
jeg smed det rent ud sagt
ad helvede til

Så nu håber jeg ikke
at du ombestemmer dig

Det ligger oppe på månen
lige så ensomt som det har været
siden du rejste

Jeg har det fint nu
kold og hjerteløs.

Udenfor verden

Som et vissent stykke løv

bæres jeg rundt fra sted til sted

tænker slet ikke over det længere

lader bare vinden blæse

Efterhånden husker jeg ikke en gang

hvordan angsten føltes

der er intet der er nyt for mig

og intet når at blive gammelt

jeg ser verden blæse forbi

og er så uendeligt ligeglad med det

Min elskede har forladt mig

hun blev bare båret videre

nu har jeg det som om jeg ikke er mig

og livet slet ikke er mit

Jeg drømmer mig ikke væk

forsvinder bare som vinden blæser

jeg har det udemærket

jeg er udenfor verden

jeg er helt rolig.

Fuck dig far

Når jeg husker hvordan
jeg kunne vågne om natten
og skrige I smertet i mørket
og kun knapt kunne ane
glimtet fra dit bæltespænde
hver gang det kom susende
så hader jeg dig far

Når jeg husker hvordan
du kom brasende hjem I din brandert
sparkede til døre og møbler
bankede mor gennem stuen
uden at ænse os unger
der sad og græd hjørnerne
så hader jeg dig far

Når jeg husker hvordan

du kunne lege med os

en søndag i parken I solen

mens alle de andre unger

misundeligt så på

uden deres fortravlede fædre

så elsker jeg dig far

Når jeg tænker på

hvordan du elskede mig

og gang på gang

svigtede min tillid

så er det måske slet ikke så sært

at jeg ofte bliver bange

når andre siger jeg skal tro dem

jeg glemmer dig aldrig far

hvor meget jeg så end ville

Fuck dig.

ANNONCE

Jeg har opfundet en båndoptager
den optager dine drømme
i HD og widescreen
den er lille og handy
kan ligge under puden

den koster ikke meget
langt under en halv bundegård
og for ligeså lidt i ekstrapris
får du mit allernyeste
drømmetydesoftware
med oven i hatten

for den kreative har jeg også udviklet
en drømmefilmsklippebordsapp
ved hjælp af de medfølgende skabeloner
kan du hurtigt og nemt
udskifte ansigt og andre kropsdele
på eventuelt uheldige aktører
i din drømmeverden

hele molevitten kan blive dit
så nemt som ingenting
sæt blot et kryds
og skriv dit konto og kortnummer
husk navn og pinkode.

Venlig hilsen Trebor Krøm Fuppeplat.com

ASTRONAUT MED KYS OG KÆRTEGN

Astronaut med kys og kærtegn

Jeg vågner op fra en drøm om verden

skyerne hvisker deres fjollede morgensang

min radio råber højt om regn og slud

men mine vinduer smiler forførende til solen

Jeg vil gerne lokke sandheden ud af himlen

dele mine hemmeligheder med atmosfæren

og mærke planeterne og stjernerne I min favn

Jeg var astronaut I en tidligere drøm

himlen ramte mig med kys og kærtegn

Jeg vælger at lege mig ud I byen i dag

jeg vil flette gaderne sammen

og drysse stjerner ud af ærmet.

Spor

Perronen ligger øde under mig

nattens sidste tog lader mig vente

kulden holder mig fanget og du lader mig tænke

Jeg er tilbage I sort

en krøllet rød Cecilpakke

daler I skæret fra reklameskiltets blå lys

Jeg rejste langt I nat

fra din seng

og dybt ind I mig selv

Sporene peger udad

og langt langt inde I rimtågen

anes morgendagen.

Zig Zag

Kom nu siger du igen

        og suger mig

  op på siden af dig

      jeg klæber mit blik

    fast til din hals

 bruger dig

     som pejlemærke

og undskylder atter

     min mærkelige

        zigzaggede gangart

    Det er bare det

  at lige I tiden

     føler jeg mig så fyldt

 af grå og sorte huller

   at enhver bevægelse

 er en balanceakt.

Drømmeskat

Til alle jer som vandrer

under nattens stjerner

jeg sender jer en tanke

I denne nat der sov jeg

med lange smukke drømme

om kærlighed og varme

Dem vil jeg sende ud

til jer som vandrer om

på hvileløse veje

jeg var jo selv derude

I drømmeløse nætter

og uforløste savn

og derfor vil jeg dele

med jer min drømmeskat

jeg sender jer en tanke.

Det var mig

Jeg går ud I natten

drømmene følger mig som skygger

som højhuse skjuler de himlens stjerner

Drømmene bliver dit fængsel

sagde du og gik samme vej

som månen altid forsvinder I morgengryet

Jeg ved du kommer tilbage

men frygter dog dagen

hvor det ikke sker

Det var mig der slap dig

og mig der om nogen vidste

at du bare ville holdes fast.

Liv

Det er kun tirsdag
og jeg har allerede ædt min lørdagskylling

Livet er ikke altid som de lovede
lige nu er det både kedeligt og meget langt

Jeg tænker ofte på at tage billetten
enten til Honolulu eller Barcelona.

Ganske langsomt

Mens du ler

sker det

regnen vælter

ned af vejen

løber jeg

ligeglad

ubedrøvet

men ganske langsomt

dør jeg

I dine tanker

Ser du ikke

jeg rejser

mig ser du ikke

jeg elsker

minder som lyser

og binder

Sammen tog vi livet

seriøst

fortryder jeg

de skridt jeg tog

væk fra dig

fra jorden

rejser jeg mig

ser du mig

glemmer du

aldrig.

Ved korsvejen

Står og venter ved korsvejen I kulden

føler alle lemmer blå frostklar himmel

leger kispus med vintersolen

en enkel blåkølig sky danser plankeværk for deres decemberleg

I stive græstotter tårner muldvarpeskud

som landemærker for frøsøgende agerhøns

Vi skulle mødes klokken 11 I svinget

vrinsker hvidmankede heste deres forårssavn

blander sig op med mit kolde vinterhjerte

som genvundne elskende

småler vi formiddagen tåleligt lunere I sindet

Da solen passerer himlens højdedrag

og langsomt belyser min venteposition I vinterlandskabet

som søvnigt undrende har lagt sig til hvile

I bakkerne som strækker sine buede favne

mod horisontens snorlige linjer

trækker mig tilbage mod hverdagen

går jeg med glad forventning til morgendagens

venten på dig min elskede.

Fyldt

Natten
fyldt med lange timer

gaderne
fyldt med ensomme hjerter

byen
fyldt med håbfulde drømme

himlen
fyldt med vågende engle

mig
fyldt med glad forventning

morgendagen smiler I horisonten.

Natheksen

Natheksen står ved min seng
og siger jeg ikke skal sove
for trolde dæmoner og bæster
står klar og ligger på lur

Så løfter jeg hovedet fra puden
og famlende finder mit lys
før jeg får strøget en tændstik
så er hun pludselig væk

Først kigger jeg under sengen
og så I mit kosteskab
jeg leder forvirret og roder
giver op og tænder en smøg

Så sætter jeg mig I stuen
og tænker hvad skete der her
sov jeg mon allerede
var der en heks ved min seng?

Nu hører jeg mystiske lyde
under mit køkkengulv
jeg kravler på alle fire
med alle sanser på spring

Nu mærker jeg til min skræk
at heksen har sat sig til rette
på mig som var hun en jockey
og jeg hendes vilde hingst

Så fare vi rundt I huset
møblerne vælter omkring
hun flår I mit hår og hyler
jeg skriger I smerte og angst

Så endelig er det ovre
jeg vågner fortumlet og ør
ligger på gulvet I stuen
tænker jeg er blevet skør.

Natmesterens vuggevise

Når solen går ned her I min vestelomme

så åbner jeg min pose og lukker månen ud

jeg former den efter mit humør

og lader den sejle over himlens stille hav

I denne smukke sommernat

skal den være rund og smilende

fuld af gyldne løfter

lader jeg danse himmelbuen rundt

jeg vil lade den drysse

sit tryllestøv over dine drømme

og når du vågner vil alt være godt.

Drømmesamler

Når I alle sover
så går jeg rundt derude
jeg samler jeres drømme
og sætter på min væv

Jeg lægger nattens stjerner
med månens klare lys
og nye smukke tanker
på jeres pudevår

Jeg væver sorte tæpper
af jeres mareridt
og gyldne lyse duge
af jeres smukke drømme

Så går jeg ud ved daggry
med mit drømmestof
hænger dem I dagens lys
til skue for enhver.

Langs nøgne hegn

Decembers første sne har lagt sig

som et slør hen over skoven

forrevne skyer leger skjul I horisonten

som et skakbræt ligger markerne I morgensol

Et krondyr fylder maven op fra grønne tuer

strittende af energi fra vintersolens blide lys

intetanende entre den jægerens sigte

Et klik fra ladegrebet

en finger bliver hvid mod aftrækkeren

dyret står så flot I søgerens kryds

Et sted derude gør en hund

dyret spidser ører springer op

sejler yndefuldt afsted langs nøgne hegn

I skydetårnet åndes langsomt ud

i mælkehvide ånde.

På vej

Lyv ikke siger du

og lyver selv baglæns

helt tilbage til nulpunktet

hvor vi står nu

Den sidste krage vender I luften

efterlader os til dig og mig

kun dens skrig hænger tilbage

mellem os er luften kold

Jeg fryser siger du

og det er jo sandhed

også jeg svarer jeg

går langs stranden

renser mine tanker

Sommeren kommer

med den næste bølge råber du

jeg mærker efter

ja den er på vej.

Nattens farver

Ja sagde hun og sendte mig et lyserødt smil

sammenflettet gik vi ad nattesorte gader

Kom hviskede hun og lo purpurrødt

på silkegrønne lagner

Wauu sukkede jeg I morgensolens røde skær

da hun forsvandt I den gule taxa.

Da lo min sjæl af lykke

Vi mødtes en stille aften ved havet

det var I den time hvor sol og måne står lige

stranden som få øjeblikke inden

var spækket med færdigbagte sommergæster

lå nu øde hen mellem vores blikke

jeg havde set dig før

dog aldrig for mine øjne

da jeg mærkede dig

sprang de sidste røde stråler fra den synkende sol

over horisonten som et festfyrværkeri

da vi senere lå I de måneoplyste klitter

og kyssede den sidste rest af elskovens nektar

fra hinandens kroppe

og hviskede søde uforpligtende løfter

lå nattens dansende feer på lur I de vindstille siv

langt senere da du forsvandt over kuplede grønne strandenge

under månens smilende natsejlads

da lo min sjæl af lykke.

Bare sig mit navn

Jeg kan vække dit begær

give dig styrke på bare et øjeblik

Jeg kan bryde mure ned og lukke døre op

skabe harmoni og glæde

Jeg kan være blød og varm som en menneskekrop

i dine hænder bliver jeg levende

Jeg kan dufte som ædle vine og dyre parfumer

bringe dig trøst I nøden

Jeg kan redde liv

opfylde dine drømme og gøre dig lykkelig

Jeg kan ødelægge dig

gøre dig ulykkelig eller lægge dig I graven

Jeg kan lugte af død

jeg kan starte krige og lægge verden øde

Jeg er en kamæleon jeg er en gud og en satan

bare sig mit navn.*

*Penge

Drømmemaler

Du maler smukke billeder

med brede drømmestrøg

I spejlet bag dig ser jeg dagen flygte

Hvorfor bruge tid på virkelige ting

når drømmene de venter fulde af lykke

siger du og smiler til dit lærred

Jeg vil tage dig med

under nattens stjerner

vise dig at livet det er smukt

Så maler du en himmel

fuld af stjerneskud

og ser på mig med blanke måneøjne

I spejlet bag dig farves himlen rød

jeg går ud I natten

efterlader dig og dine drømme.

Tilfældigt møde

Utålmodigt hager skæbnen sig fast
med ærlige øjne kræver hun opmærksomhed
han standser et øjeblik og ser sig I hende
som I et sjælespejl ser han sin rejse
som en flugt fra livet selv

Uopfordret begynder han at fortælle
husker sin vandring som en remse
byer og steder lires af som skolevers
løgn på løgn udgør hans forsvarstale
hun ler ikke fælder ingen tårer
spørg ham bare hvorfor
Han ved det ikke
troede sig ellers sikke på hvad han søgte
han ved ingenting længere
kun at noget er sket

nu står de I hver sin ende af perronen
som to ukendte faktorer I skæbnens regnestykke.

Uendeligt

Dette digt bliver uendeligt

for hvert et ord

rummer nye billeder

som jeg må åbne og skrive ud

"Kan et digt begå selvmord"

spørger du over min skulder

Jeg griber dig I flugten

og der hænger vi

frosset I et splitsekund

mens jeg svare dig

at jeg ingenting ved

Digtet lever

ånder stille ord

I et tempo

helt uden timing

"Kan et digt slet ikke dø"

hvisker du spørgende

og hvæsser dine sætninger

I mine slidte håndflader

med sløv stemme

svarer jeg ingenting

Hver eneste nye tanke

fuld af liv

lægger nye ord

I nøgne klare øjne

Digtet leger

smyger sig

som cigaretrøg

om vores sanser

"Kan vi rejse I nat"

spørger du insisterende

og dine øjne

viser mig vej

ud blandt stjernerne

I nattens bløde mørke

svarer jeg dig med et kærtegn

dette digt bliver uendeligt...............

Et øjeblik

Vi mødtes og stjal os et øjeblik

du var som en duft af sommer

vi plukkede hinanden som modent frugt

nu har jeg et minde bag øjets blomst

et kærtegn som strejfer mit hjerte.

Formålsløst driver jeg omkring

Natten fanger mig ind

med krævende bevægelser

rejser byens skygger sig langsomt over os

som isblomster visner ind til ingenting

siver jeg langsomt væk og forsvinder I horisonten

som røgen fra de sidste dages bål og brand

Der hærges stadigvæk I midtbyen

vanviddets karavane trækkes gennem gaderne

de fleste er længere ude end de andre

de lange knive rasler I natten

Formålsløst driver jeg omkring I sollsystemet

natten er endnu ung og jeg vil lade sanserne råde

I stjernevrimlen mødes vi som tilfældige skibe på havet

lastet med hver vores håb og drømme.

Muse

Når træerne står nøgne

og vinden I vest er stiv ubøjelig

så graver jeg min hule en lille tand dybere

sidder der I strålevarmen

tænker på dig derude

drømmende

Alle de kys og kærtegn

vi delte og gemte

blegnede forsvandt

men aldrig I glemsel

Snart vil jeg danse

på stivfrosne plæner

og tegne dit portræt I sneen

med det skælmske smil

som jeg altid vil elske

Måske en dag

vil jeg mane dig til live

jeg vil redde dit hår

og male mine øjne

vi vil danse gennem skove

under røde solnedgange

vi vil synge gennem lyse nætter

og senere

langt senere

vil du forlade mig igen

Det eneste jeg aldrig fik af dig

var dit hjerte.

Amsterdam

Det var I Amsterdam vi traf hinanden
jeg husker endnu natten på cafeen
jeg husker hvert et splitsekund der fra
skønt det jo ikke mere har betydning

Vi talte hvert sit sprog men vi flød sammen
som vandet I de hollandske kanaler

Hver gang dit smil det ramte mig ved bordet
Hver gang din hånd tilfældigt strejfede min
Hver gang vi prøvede på at tale sammen
og endte med at grine af os selv

Vi gik hjem ad morgenstile gader
så tæt som sku vi aldrig skilles mere
og dagen kom med lys og smukke løfter
før vi gik hver til sit med fyldte sind

Vi talte hvert sit sprog men vi fløde sammen

som vandet I de hollandske kanaler

Nu flyver min tanker tit og ofte

tilbage til den smukke gamle by

jeg mærker dine kys og alt din varme

og fyldes op med håb og fryd og savn

Jeg ved du går et sted derude

og har en lille bid af mig endnu.

Teatertorden

Livet er et teater

magthaverne er gået I Holbergs fodspor

Bare man kan sin rolle udenad

forlanges der stort set ikke mere

vi er spejlbilleder af virkeligheden

på den kunstige måde

Men rollerne er velstuderet

og kun enkelte falder igennem

med et brag.

Helvede ender her

Byen vågner

mågerne flagrer op

natten slipper sit tag

skriget rammer molens kant

havnen holder sit vejr

kroppen bryder det stille vand

helvede ender her.

Månedigt

Tror du jorden kan undvære min vægt?

Spurgte du og satte af

før jeg fik sagt nej

så stod jeg der

og så dig flyve rundt om månen

den runde kugle

du så kærligt kalder din gudinde.

Springet

Når hr. Vinter
sådan pludseligt tager springet
ud af skabet
som en anden transvestit
Danser på mit bord
I sommerkjole
og får hunden
til at te sig
som en hvalp

Så ved jeg
våren kommer.

Undergang

Vi så land og hav elske hedt

mens himlen viste sig

fra sin mest gennemsigtige side

mens skovens træer stille bøjede deres kroner

I dyb respekt og beundring for livet

Vi så stjerner mødes med nye planeter på mælkevejen

mens glade astronauter lystigt bankede løs

på apolloskibets ødelagte porcelænskjold I månelyset

Vi så galaxer skabe plads til nye civilisationer

I himmelrummets sorte huller

mens stjernebillederne flød sammen

og skabte alternative skabelseshistorier

Vi så nye gensammensætninger vrimle ud fra de store fabrikker

mens pengegrisene eksploderede I alle regnbuens farver

under vores splintrende kroppe

Vi så jorden åbne sig mod himmelhvælvingen

med al sin vrede og skuffelse

over menneskenes manglende fatteevne

I sine sorte døende øjne

vi så spildte liv I rødglødende lavastrømme

mens englene kæmpede forgæves

for at deres tårer ikke skulle være vores sidste syn

før vi igen blev et med stjernerne.

Til dem vi efterlod

Forgæves under månens blide lys

som øjne væk I natten

flagre mine tanker

som sorte flagermus imod den mørke himmel

Budskaber hugget I stumper og stykker

af glemte ord

til dem vi efterlod

på vejen frem mod stjernerne

som splintrede atomer.

Lyserød dag

Mod nye horisonter

Jeg vil sejle gennem gaderne I nat

stikke kursen ud mod nye horisonter

og bøje alle vejskiltene mod himlen

Jeg vil dreje jorden I din retning

og byde dig op til en vals

I min bølgende vandseng

I nat vil jeg lege med dig

og bare grine af de andre idioter.

- Og dog synger fuglene

 Ja smiler du
og denne morgen
vender du blikket udad

Som en rutsjebane
bruger jeg dine bryster

Hængende i mit øre
hvisker du
natten er endnu ikke forbi
- og dog synger fuglene.

Lette ben

Du må tøjre mig til dit hus I nat
Med tykke reb om mine lette ben

Det er jo ikke første gang jeg vågner I himlen
Efter en nat med dig.

Sommerfuglekys

I nattens drømmeland

er vi to sommerfugle

flaksende ensomme om

på vores jagt efter kærligheden

I dagens klare lys

er vi to mennesker

som går stille om

og sender skjulte blikke

Og tænker måske en dag

kan vi flyve omkring

Under solen og mødes

I et sommerfuglekys.

Du får mig til at drømme

Jeg ville godt
tag månen ned til dig
fange den forsigtigt i et net
pakke den i tyndt og smukt papir
og gi dig den som kærlig morgengave

Jeg ville godt
tag alle himlens stjerner
polerer dem og sylte dem i glas
så ville jeg servere stjernesuppe
og brød med gyldent stjernesyltetøj

For du er den
som får mig til at drømme
du får mig til at ville alle ting
og skønt det meste nok er helt utopisk
får du mig til at tro jeg bare kan.

Dit smil har gjort mig syg i nat

I en tilstand af blød lykke
driver jeg gennem byen
i takt med de tumlende skyer

dit smil har gjort mig syg i nat
jeg synger fjollede morgensalmer
og siger sætninger som ingenting betyder

nu kravler dagen dugvåd
og søvndrukken op af havnebassinet
mens husene står i kø ved solens farvebod

med hovedet fyldt af hjerteformede drømme
lader jeg blikket følge de drejende skyer
elsker elsker ikke elsker elsker ikke elsker

kærlighed er en vidunderlig leg
mens natten går til ro i morgendisen
knuger jeg dit nummer på en krøllet Faktabon.

Lad os danse

I dag vil jeg gå nøgen ud I byen

møde dig med åbne øjne

og lade mine arme

falde for dine fødder

Lad os danse frækt

I byens springvand

og kysse postbuddet

midt på hans morgenrute

Lad os elske det smukke liv

til det smelter af lykke

og flyder som varm honning

I byens gader

Lad os male den grå hverdag

med lyse toner

og spille klaverkoncert

på fortovets fliser

Lad os rutsje op ad regnbuen

drikke himlen fuld

af stjerneskud

og sejle hjem på månen.

Flyvende vals

Så du mig

da jeg fløj forbi dit vindue I nat

jeg så et lille glimt af dine drømme

jeg så at du også kunne græde

Jeg fik lyst til at byde dig op

til endnu en flyvende vals

men da så jeg også tydeligt

at mine drømme ikke er dine

Nu bliver jeg ved jorden

og letter nok først igen
når jeg ser dig
flyve forbi mit vindue en nat.

Dum

Hvad gør jeg nu med smerten

før kunne jeg hænge den op på dig

jeg kunne klæde dig I mine ulykker

som en føjelig Barbiedukke

lod du mig bare være dum.

Lyserød dag

"Bliv I mine drømme" bider du I mit øre

og hvisker mig kyssende ud I virkeligheden

som en tosset skoledreng

cykler jeg døden I øjnene gennem morgentrafikken

Jeg laver papirsflyvere og tegner hjerter på toiletdøren

hele formiddagen tager jeg telefonen og siger "Hej skat"

hver gang det kimer for mine ører

Jeg bygger fjollede ordrim af dit navn

glemmer igen og igen

at jeg allerede har sendt dig tre floragrammer

På hjemvejen glemmer jeg cyklen

og danser tango med lygtepælene

hos bageren griner jeg hjerteligt

og køber favnen fuld af dine yndlingskager

På vej op ad trappen

når jeg I farten at forfatte endnu et genialt elskovskvad.

Hemmelig agent

Det er simpelthen alt for svært

at spille fremmede over for dig

Næsten umuligt ikke at røre

når du går forbi

Det er slet ikke sjovt

at være hemmelig agent I dit kærlighedsliv

Når jeg bliver liderlig

bare ved at se dig på afstand.

Karlsons klister

Som en træt og beruset Amor
sigter jeg efter rådhustårnet
og lander i din seng
dansende
som drømmene på din pude

Dit smil sidder som krymmel på mit morgenbrød
hvisker jeg
og Bz'er den lille runde plads
omkring dit hjerte

Skrævende over nattens lyde
kaster vi os I hver sin favn
og sammen hænger vi
som Karlsons klister
lover jeg mirakler
og forårets budbringere
holder ventende
I kø under byens port.

Jorden er giftig

Hele torsdagen legede vi muldvarper under min dyne

jorden var giftig og for en sikkerheds skyld

havde vi gemt et lager af rødvin under sengen

Hverdagen fik bare lov til at stå derude og vente

vi røg røde Cecil og fniste som små børn

mens dørklokken larmede I en uendelighed

Vi spillede flaskeleg og legede kluddermor

og opfandt flere helt nye bollestillinger

som verden med garanti ikke har set før

Om aftenen faldt vi I søvn foran TV-avisen

mens nyhedsoplæseren så misundeligt til

lå vi krøllet sammen propfyldt af lykke.

Fuld af drømme

Under nattens sorte stokværk
går jeg fuld af drømme
tænker på det hvordan
det sku ha været

Tænk hvis du og jeg
ku få hinanden
tænk hvis jeg ku se dig vågne op

Vi kunne danse rundt I vores stue
eller bare sidde
ganske stille uden ord

Jeg ku se dig føde vores børn
følge dig I glæde og I smerte
kysse dig godnat I måneskin.

Hold fast min elskede

De tror

at vi ikke kan kysse

gennem metertykke mure

De tror

at vi ikke kan flette reb og bygge broer

af vores drømme

De tror

at vi ikke kan nå hinanden

gennem tremmer og panserglas

De tror

at vores kærlighed

kan kvæles ved fortielser og tvang

Men vi ved.

Jeg savner dig stadig

Jeg kan gå af de samme gader

som vi gjorde dengang

jeg kan sidde på det samme torv

på vores bænk

og inde I mit hoved

kan jeg høre vores melodi

Men det bliver aldrig så fedt

som det var med dig

Jeg kan gå I byen hver nat

og danse mig ør

jeg kan møde smukke piger

på hver eneste bar

jeg kan vågne op efter elskov

til kys og søde ord

Men natten bliver aldrig så hed

som den var med dig

Jeg kan springe ud når det bliver vår

og elske liver højt

jeg kan gå ud og drikke kølig vin

på vores fortovscafé

jeg kan grine højt af ingenting

som vi gjorde engang

Men livet bliver aldrig så smukt

som det var med dig

Jeg kan vågne hver morgen

og passe mit job

jeg kan sagtens gøre alle de ting

som jeg må og skal

jeg kan blive kold og varm

ligesom andre folk

Men jeg bliver aldrig så hel

som jeg var med dig.

Mit hjerte

Den nat på stranden efter festen

kun os to med flettede kroppe

og havets varme bølger mellem vores tæer

dit hår glimtende af saltvåde perler

du smagte som oceaner af liv

Kunne du mærke mit hjerte

det var blødt som forårsgræs

Den aften på broen efter bruddet

kun os to med afvisende kroppe

og byens fjerne nattelarm I vores ører

dit hår flagrede som vinterstorme

vi stak hinanden med onde ord

Kunne du mærke mit hjerte

det var koldt som indlandsis

Den morgen vi mødtes tilfældigt

kun os to på cafeen på torvet

mens jukeboksen sidste toner døde hen

dit hår bølgede som blomsterenge

vi fulgtes leende ad søvnstille gader

Kunne du mærke mit hjerte

det var varmt som søndenvinden.

Ensom lytter jeg

Radioen larmer neden under
høje hæle klaprer på toppede brosten

en baby skriger nede I gården
en kone skænder sin fulde gemal

mågerne toppes oppe på taget
musene leger et sted I panelet

øl trækkes op nede på baren
en kvinde råber derude et sted

jeg hører det hele med ører på stilke
desværre så høre jeg ikke dig.

Engel

Når du står så smukt I silhuet

der I min åbne dør

så har mit hjerte ingen ro

det banker kun for dig

når du står der ved min seng

med smil I grønne øjne

så bar som Eva var engang

så er jeg lutter fryd

Når du kryber ind til mig

og hvisker jeg skal tag dig

så lukkes himmelporten op

til paradis på jord

når du kysser mig godnat

og spørg om du skal blive

svarer jeg af kærlighed

at du må aldrig gå

For du gør livet til en dans

på bløde lette skyer

jeg har himlen I mit hjerte

 og en engel I min seng.

Det er os to

Du skal bare sige til

så løber jeg med

ud over vidderne I nat

månetegn og bjergkrystaller

jeg har tjekket det hele

alle soltegn siger det samme

der er intet som kan vælte os to

Lad os løbe de truende skyer over ende

lad os blæse det hele en hat fuld

denne nat kan det ikke bristedet kan kun bærer

der er et tegn I alle hjerter

intet kan ende uafgjort I nat

for vores mål det er os to.

At være din

At vågne op og se dig sove

at mærke dig gennem den varme hud

at høre dig ånde og hviske I søvne

at vide du er her når jeg kommer hjem

At høre dig drømme på afstand I mørket

at mærke du vågner så langt fra mig

at vide du smiler ved tanken om natten

at tro du er min til evig tid

At være din det er nok for mig.

Hjemkomst og savn

Nu svinder nattens sidste mørke over tagryggen
kun katten og jeg har endnu øjne
men nu vågner byen under os
som en bjørn efter sit vinterhi
strækker den sine stive lemmer ud til polerne
sulten og fuld af længsel
rejser den sig og puster gadelygter ud
så langt øjet rækker ser jeg liv tage form

Men jeg er ikke rigtigt med
hænger stadigvæk der oppe over Atlanten et sted
med dine dufte og din smag over alle mine sanser

Jeg fandt et af dine lange sorte hår
da jeg pakkede kufferten ud I aftes
nu hænger det I min drømmefanger over sengen

Jeg længes efter de pulserende nætter I din favn
min ryg er endnu mærket af dine sidste rifter
en sødmefuld smerte som jeg bærer med glæde

Katten vil have mere kærlighed

med klørene I mit lår trækker den mig ned på jorden

jeg sidder på gulvet og klør den mellem ørene

saligt lukker den sine øjne og spinder sig I søvn på mit knæ

men jeg hænger stadig I vores begær

efter livet og hinanden

Lad lyset brænde hviskede du

og jeg fulgte dine våde fodspor til sengen

som endnu bar varmen fra vores sidste elskov

mellem dine ben glemte jeg mig selv

og det faktum at der kun var få timer til mit fly skulle lette

Jeg rejser mig og kigger ud over byen

en sidste gang inden jeg kravler I seng

hvad laver jeg egentlig her?

Jeg ved det ærligt talt ikke

I morgen vil jeg prøve at finde mig selv

Som en akvariefisk har jeg intet mål

bare usynlige grænser

og udsyn til en fremmed verden.

Afhængig

Mens jeg ser
din vrede ryg fortone sig
lukker jeg øjnene og opdager
til min store fortrydelse
at det netop er der bag øjenlågene
jeg ser dig tydeligst

Jeg blinker hurtigt op/ned/op/ned
og det eneste som ændrer sig
er farven på din kjole

Jeg løber fortabt gennem gaderne
med et skrig
som eksploderer I mit indre

Resten af natten flakker jeg om
som en junkie uden sit stof
og ikke en af gadens pushere
kan skaffe mig bare 10 gram af dig.

Jeg vil danse for dig dette forår

dit værelse smiler kærligt

som flødemættede katte

kræmmer det mig ud

af din seng stiger jeg

som solen I februar

som en træt vinter rejser jeg mig

I dine øjne

ifører mig grønne blade

og jeg vil

danse for dig dette forår.

Slut

Om
man
så
stablede
alle
de
ord
som
betyder
slut
oven
på
hinanden
ville det aldrig være nok
til at beskrive hvor færdige vi to er.

RIMOGRAMSEDIGTE

Et digt uden rim er ikke så smart

Der var en digter som ville skrive

et digt som gerne skulle rive

huden op om læseren hjerte

og vise verden den sande smerte

Men digtet sku rime det var da klart

et digt uden rim er ikke så smart

det sagde han ofte fortroligt til katten

når han skrev sig gennem natten

Hans ord blev valgt med omhu og drift

og skrevet med smuk og ulastelig skrift

men da han sku rime på: Livet er fuldt

da gik han I stå ved sin skrivepult

Han søgte I bøger og gamle breve

dybt I sit sind han måtte gnave

men alt hvad han fandt som rimede på fuldt

gjorde at ordene klingede hult

Hver nat der travede han frem og tilbage

han pjækkede fra jobbet I flere dage

til sidst forsvandt den poetiske glød

man fandt ham en morgen vissen og død

Så blev han begravet I hellig jord

uden at have skrevet et fornuftigt ord

og kirkens klokker blev ved med at kime

for digtet skulle jo gerne rime.

Digterpjalt

Når solen står op og kysser vores jord

så kan jeg sidde på min bænk og bare mangle ord

Når jeg går på job og ser de glade børn

så bliver jeg bare stolt og glad jeg tager min tørn

Når jeg kommer hjem og hunden logrer kærligt

så fyldes jeg med glæde for livet er jo herligt

Når det bliver aften og månen lyser blidt

så bruser jeg af lykke for dette liv er mit

Når nattens mørke lægger sig stille tæt om alt

så leger jeg med ordene jeg er en digterpjalt.

På en dejlig sommerdag

Bølgelyde

vil jeg nyde

I det danske sommervejr

sand imellem mine tær

Jeg vil ligge ned på ryggen

på en strand lidt syd for lykken

nyde livet slappe af

på en dejlig sommerdag

Kikke på min smukke dame

smøre sig I dyre crème

hente is og sodavand

være hendes supermand

Bølgelyde

vil jeg nyde

I det danske sommervejr

sand imellem mine tær.

Guld for sjæl & krop

Solen er mit vækkeur hunden logrer glad

nu skal vi på fisketur glemme krig og had

Ostemad og kaffe dunk med hundevand

så kan vi vist daffe ud til sø og land

Stangen over nakken rask det går afsted

lige over bakken ligger vores sted

Sidder ved søens bred hunden vil bare ligge

en herlig ro og fred fisken bider ikke

Men det er ikke vigtigt jeg klarer mig nok uden

mon hunden sover rigtigt kilder den på snuden

Hvor er det rart at sidde bare mig og hunden

Vente på en gedde den lurer nok på bunden

En formiddag som denne kan ikke gøres op

I flotte ting og penge det guld for sjæl og krop.

Den gamle hr. Måne

Den gamle hr. Måne er fuld I nat
hænger bare der og smiler sim besat

Sejler over himlen som en beruset herre
sætter lys på scenen for mig og så min kære

Månemand vær sød gå ikke tidligt hjem
for jeg vil give Lone et varmt og kærligt klem

Når vi har gået tur I dit måneskin
så vil jeg nemlig vove et kys på hendes kind

Så vil jeg spørge Lone om hun kan bruge mig
Hr. Måne du kan se at jeg behøver dig.

Tør du hoppe fra din pind

Tænk at stå på høje bjerge
se hvor tågen ligger tæt
uden bånd og uden værge
uden nogen form for net

Tænk at tage alle følger
stå med ryggen mod en mur
se de høje hvide bølger
stå med nøglen til dit bur

Men tør du hoppe fra din pind
se dig selv som det du er
svæve med den mindste vind
leve livet nu og her?

Stå ved det du en gang sagde
tro på det du ved er sandt
ikke længere se tilbage
springe over hver en kant?

Der skal mere til end tanker

der skal handling efter ord

ikke bare hjertet banker

også ild og vand og jord

Hvis du tager det skridt alene

hvem skal vogte over dig?

Nej der er du ganske ene

bare dig og så din vej.

Minister Medister

Der var engang en mand som sad på tinge
med et smil så glat og skarpt som en klinge
han navn har jeg glemt men han var minister
og han levede ikke af kål og medister

Nej han spiste kød af den dyreste slags
rådyr og vildsvin skaldyr og laks
han stjal fra de små med afgift og skatter
og gav til de rige med lystig latter

Men som det så ofte går I historie
når skurken han sidder og pudser sin glorie
så blev han dolket en dag I april
han lå der og blødte med stivnet smil

Men sket er jo sket og glemt for det meste
der blev jo valg og hvad gjorde de fleste
de stemte på en der var lige sådan
folk er da skøre I dette land.

Trolden Gudar

Og det var trolden som drog ud ved nat

og stjal den unge jomfru som var hans kære skat

han bar den unge pige på ryggen I en sæk

og I sin kærre kørte han ad snoede stier væk

Men pigens far han *var* skam ingen charlatan

I byen Tørring kendte han en rigtig klogemand

han samlede al sin ejendom I både sølv og guld

og gik til klogemanden med hele kisten fuld

den kloge mand var vis det kan du nok forstå

han kaldte sammen hver en kilde bæk og å

de fulgte troldens spor helt til Randers stad

hvor på kuskesædet den onde Gudar sad

Da trolden druknede med både vogn og hest

så kunne far og datter holde gensynsfest

vandet ligger stadig hvor Gudars spor det lå

I dag der kender vi det blot ved navnet Gudenå

der elsker jeg at sidde med min fiskestang

slappe af I både sjæl og krop hele dagen lang

Gudenåen er så smuk og lang som nogen flod

den løber gennem Jylland som landets hjerteblod.

En sang for Danmark

(mel. Jeg ved en lærkerede)

Så yndigt ligger landet

så smukt med mark og vang

hvor kan man gøre andet

end hylde det med sang

Vi har så mange sange

ja helt fra Hedenold

af skove har vi mange

den største hedder Rold

Og mange høje steder

som Ejer Bavnehøj

vi har så mange glæder

at man kan blive høj

Og vi har mange heder

som på en sommerdag

er fyldt med fuglereder

blandt lyng og rønnetræ

Og Gudenåen er jo
så lang som nogen flod
den løber gennem Jylland
som landets hjerteblod

Og rundt I hele landet
der ligger søer blå
ja Arresø blandt andet
som vi kan sejle på

Og vi har mange øer
de ligger smukt I hav
jeg ved I Fanøbugten
der kan man finde rav

Se blot hvor smukt det ligger
det er det danske land
jeg ønsker jer tillykke
hver kvinde barn og mand.

Sonja & de andre

Sonja oppe fra femte

var smukkest I gaden engang

men fyrene pissede på hende

nu drikker hun dagen lang

Fru Hansen oppe fra fjerde

hun var så lykkelig selv

men nu har hun kun sine piler

og en evigt voksende gæld

Og så er der Jensen min nabo

han har det sgu ikke nemt

hans job var at male med sprøjte

men det har han også glemt

Og Andersens yngste på atten

jeg var til hans konfirmation

men nu skal han altid til lægen

og hente sin metadon

Og bageren nede på hjørnet

blev træt af boller og dej

han tog sit liv da hen indså

at livet det ikke er leg

Og tjeneren nede på knejpen

blev skudt af en fulderik

som senere I arresten

hængte sig selv I en strik

Mange mennesker får aldrig

del I det gode liv

før de rigtig slår rødder

trampes de ned som siv

De lærer aldrig at leve

med livet som var det en ven

jeg trøster mig ved at tro på

vi alle får chancen igen.

Rose

Når hun var ene når hun var trist

så faldt hun igennem en lyserød rist

I drømmen der sad hun og følte sig sikker

en drøm er et land og hun ved hvor det ligger

"Jeg vil hedde Rose og ikke Louise

jeg vil ha en villa og ikke en flise

jeg vil ha en mand og dejlige unger

jeg vil ikke lytte til giftige tunger"

Mor var på gaden far var på sprøjten

hun fangede en guldfugl men straks efter fløj den

I drømmen der sad hun og følte sig sikker

en drøm er et land og hun ved hvor det ligger.

Av for Søren

Der var dreng og han hed Jørgen

han sagde en dag

nu går jeg sgu ud og slår til Søren

og da han så kom ind igen af døren

sad hans mor og græd så højt

for hendes mand var Søren

Hans mor hun var så træt af hans laden og gøren

hun græd og bød sin kære søn

at holde sig fra Søren

Jørgen råbte højt

jeg hader ham der Søren

og mor hun græd i køkkenet med opvask og med tøren

Nu er det slut

for her forleden dag tog Jørgen

sin farfars gamle jagtgevær gik ud og skød til Søren

hele byen græd i flok

de kendte alle Søren

kun Jørgen kendte den han blev

når slåen var for døren.

Drillenissen

Nu er det jo jul
så måske så sku jeg ikke
skrive noget ondt om sul
og overmæthedshikke

Men jeg kan li at drille lidt
jeg er en drillenisse
og jeg ved nok en del om fedt
er ikke tynd som visse

Men jeg er også en venlig gut
så måske la jeg det ligge
men før end dette digt er slut
så ved du det jo ikke

For mig kan ingen regne med
jeg skriver som jeg lyster
og det vil jeg måske stå ved
man sår jo som man høster

Men jul er jul og så skal vi
være gode ved hinanden
tænke på hvad vi vil sig'
og ikke slå for panden

Så jeg vil slutte digtet af
med dette råd som dur
når du vågner juledag
gå ud og gå en tur.

Danser gennem byen

Jeg danser gennem byen
med min Mp3'er
folk de er lidt sure
for det er et lortevejr

Drømmer mig til Afrika
selv om jeg er her
slår en trommerytme
på lygtepæl og træer

Nede på savannen
kan jeg gå med bare tær
gjorde jeg det her
så var jeg nok lidt sær

Møder jeg en zuluhøvding
med en farlig hær
vil jeg bare drømme mig
tilbage til byen her.

Bløde skyer

Som dreng havde jeg en lille hund

den legede en underlig leg

med at kaste sig ud

foran taxaer og lastbiler

Da vi begravede den I farmors have

trøstede hun mig ved at sige

at skyer var ganske ufarlige

at blive kørt over af.

Hashballaderap

Det var en dag jeg gik ned gennem Aarhus by

mit hoved gjorde ondt og min krop den var syg

det var alt for fede venner det var alt for meget sprut

og et party som blev ved længe efter det var slut

Nu gik jeg rundt I byen og var alt for lidt smart

for jeg sku bare skaffe den fede I en fart

og dem jeg ellers dealer med var bare ikke hjemme

min hjerne råbte *Tjald* nu sad jeg I en klemme

og nede I Mølleparken var der bare ikke et øje

var de løbet tør eller var de blevet for høje

Hvorfor går jeg rundt når jeg bare vil ligge ned

hvorfor er jeg streight når jeg bare vil ryge en fed?

Hvorfor går jeg rundt og har det helt ad helvede til
når det nu er det aller aller sidste jeg vil?

Kære Gud du gir mig da for Satan intet valg
skal jeg gå til Diablo for at få en smule tjald

Gud I himlen giv mig et af de berømte syn
lad det regne ned med klumper på hver gade her I byen

Lad bare en anden gå på vandet eller lægge hånd på syge
mig kan du gøre salig ved at gi mig noget at ryge.

Frøen

Der sidder en frø I vores have
den har vist ondt I sin lille mave
for den har spist en masse fluer
så der ikke er flere I vores stuer

Min mor hun er en smule slem
for hun siger "Giv den et kys og et klem
så bliver du prinsesse og får et slot"
men jeg tror nu ikke den smager godt

Nej så vil jeg hellere kysse min mor
Og bo hos hende til jeg bliver stor
lytte til flere eventyr
selv om et frø er et nuttet dyr

Nu sidder den og siger kvæk
bag ved vores morbærhæk
et kys det får den ikke af mig
men hvad siger du
får den et af dig?

Vinternat

Snefnug som rammer en rude
lyde så stille en vat
jeg elsker at gå derude
så smuk og stille en nat

Bare at gå på det hvide
samle det op som en bold
løbe og lege og glide
blæse på det er koldt.

Mormor & Gud

Min far han siger at mormor hun ligger et sted
I jorden ved kirken fordi hun har fået fred
mor hun siger at mormor er oppe hos Gud
og flyver om natten som himlens sendebud

Taler de begge sandt hvad jeg helst vil tro
så bliver man når man er død altså delt I to
den ene er kroppen som altid bliver hernede
og så er der sjælen som oppe I himlen skal sidde

Ham Gud er en mand som har en utrolig viden
faktisk så opfandt han jorden for længe siden
nu sidder han oppe I himlen og passer på os
og syntes nok det er trist når mennesker slås

Jeg har selv været med I kirken engang

vi sad på en bænk mens de voksne sang

og præsten holdt en tale jeg ikke forstod

jeg husker han sagde man skal være god

Nu sidder mormor og Gud der oppe på skyen

jeg tror de kan sidde og vinke herned I byen

så når jeg ligger på græsset og hviler

vinker jeg op I himlen og smiler.

Fanden og mig

Vi ligger på den tunge sky
 og driller ham der gud
 englene I deres py
de ser så søde ud

Livet er skønt og resten lader vi ligge
siger vi og ler af begge dele
for fanden og mig gider ikke
se så sort på de hele.

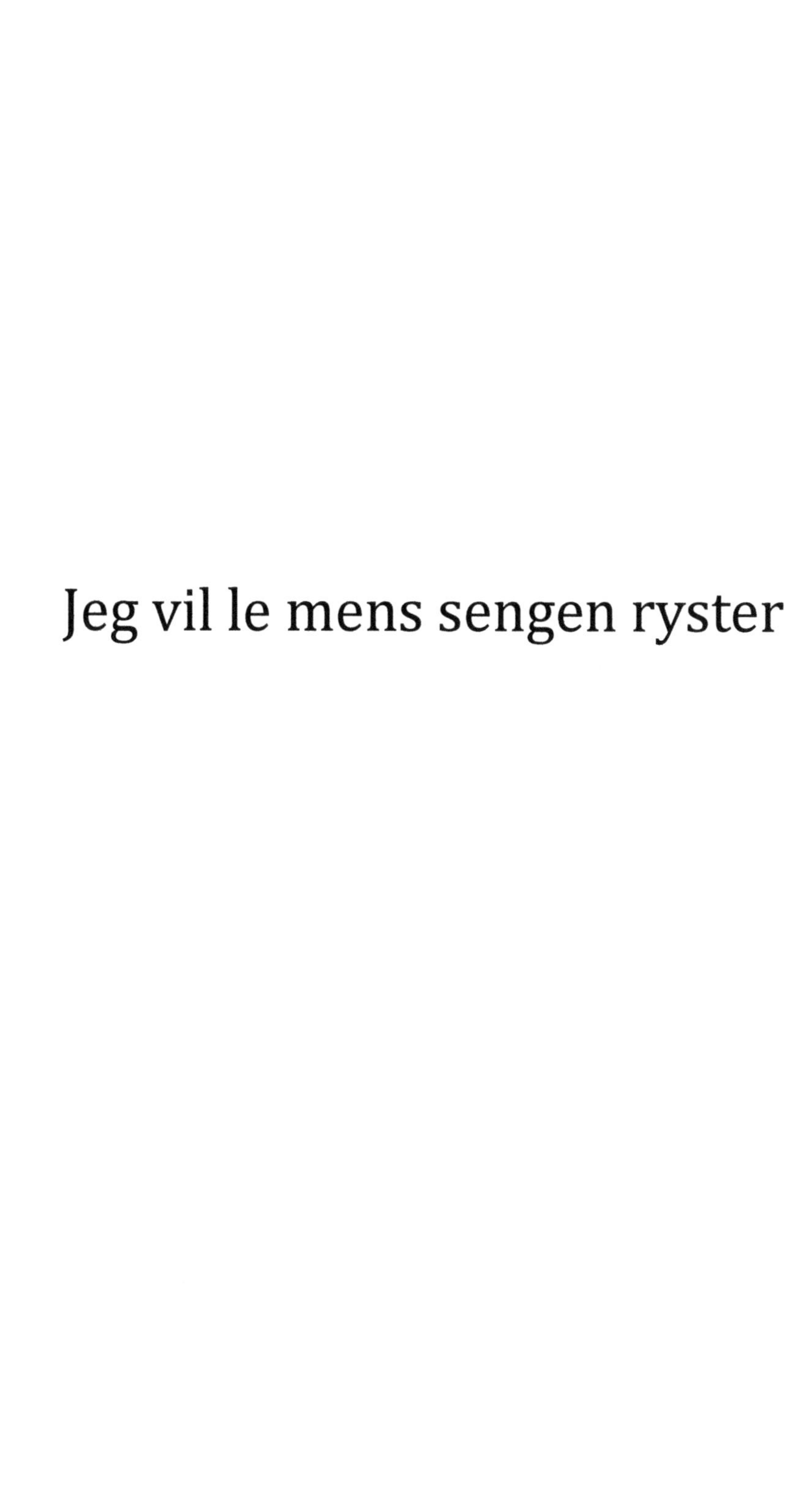

Jeg vil le mens sengen ryster

Kom min skat

Kom lad os elske hedt I nat
fugt min krop med dine læber
jeg er varm og hård min skat
lad og svede til vi klæber

Klem mig mellem dine bryster
tag en håndfuld af mit kød
jeg vil le mens sengen ryster
put mig I dit varme skød.

Varme honninglæber

Du ligger smuk
og nøgen på min seng
på våde nøgne fødder
tripper jeg omkring

mens dagen langsomt vågner
uden for min rude
smiler du så kærligt
på min røde pude

solen første stråler
tegner streger på din hud
med varme honninglæber
visker jeg dem ud

livet er en gave
når du er med der i
kys mig på min mave
det ved du jeg kan li.

Mit ønske

Jeg ønsker tit og ofte
at se dig med dit morgenhår
fra pladsen mellem dine lår
med armen om din hofte

Så vil jeg nemlig kysse dig
jeg tror på hele kroppen
så vil jeg også elske dig
fra bunden op til toppen

Når vi så har elsket hedt
og jeg har hvisket tak min ven
så svarer du mig kom igen
ønsker du det også lidt
det kunne bare være fedt.

Den gode ende

Skumsprøjt og hvide mågers skrig

Båden ruller vildt på Atlantens hvide bølger

stolte mænd i gult ruller rutineret med

fra broen kikker skipper med koldsindig ro

Hvide mågers skrig og vindens høje tuden

blandes med vemodig sømandssang

horisontens bue farves langsomt rød

En barket vejrbidt næve holder fast om rorets slidte træ

mens dagen magtfuldt rejser sig i øst

trækkes nettet ind bredfyldt bugnende af havets provenu

Nu vender skuden rundt og sejler atter hjem

mod stormombruste øer lasten den er fuld

og ærekære sind er fyldt af fred.

Hongkong by night

De kalder det for kærlighed

det er rå sex for dollars

"Yes sir twenty for a night

I love you sir for sure"

og så op ad hønsestigen

med tøsen og knalde

Men hvem I hulen

gider ligge arm I arm

hele natten lang

når knejpen larmer

som en brunstig havmåge

og sprutten kan lugtes

op gennem nedløbsrøret

Sgu ikke John Sømand her

nej på med klunset

ned ad stigen

og skråle med de andre abekatte.

Gråvejrsdage med savn

Gadegrå

Regnvejrsdage

Åndsfraværende

Vemodig

Ensomhed

Jalousi

Rodløshed

Sørgmodig

Depression

Afsked

Guldøl

Elendighed.

Efter sommerregn

Alexanders mørke bue skræver majestætisk
mellem alle verdens tænkelige farver

Over skoven stiger emmen fra det sidste skyl
solen kikker over skyen fra sit skjul

Fugle letter og besynger sommerlandet
I det fjerne høres tordenens vilde flugt

over marken stiger lærken fredfyldt op
frøer kvækker lystigt I de grønne enge

Blomster åbnes langs de lange våde veje
alt er mættet med en duft af sommerregn.

En smuk og ensom forårsblomst

Røgen fra min nabos skorsten

trækker snorlige streger I morgengryet

rimfrosten har sat sine små hvide huer

på hvert eneste strå I plænen

spurven på morgenvagt puster sig op mod kulden

det er midt I marts og snegrænsen er stadigvæk alt for tæt på

grå og triste dage gør deres for et mismodigt forår

Det blev sent I nat

vi blæste på finanskrisen og drak dyre vine ad libitum

I det fjerne brummer en bus

sig sneglende op ad bakken mod byen

katten spiller boldt med en kogle

solsorten skælder ud fra æbletræet

jeg finder en smuk og ensom forårsblomst

under noget kvas I haven

I det øjeblik mærker jeg tydeligt

solens varme stråler og glædes.

Aftenstemning

Fra køkkenet

høres børstens travle dans på porcelæn

blande sig med mors forsøg på skønsang

Fra nabogården

høres høje barnestemmer

viklet ind I hundens jubelglam

Og kirkens klokker overdøver alt

den spiller "Altid frejdig når du går"

fra præstens Volvo klikker en ventil

De gule blomster på mit bord

de siger ingenting

og jeg er fanget på den grønne sofa.

Det er her det sner

Hvide flager daler ned

og lægger sig tilrette

maler haven smuk og hvid

dæmper morgenens lyde

En fugl I æbletræet

har pustet dragten op

som værn mod fugt og kulde

drømmer sødt om vår

En dreng I nabohaven

leger helt alene

han står med åben mund

og fanger fnug med tungen

Jeg sidder bag min rude

og nyder bare synet

af fuglen og af drengen

ja det er her det sner.

En vinter favner mig

Morgengry

hundeglam

mælkehvide ånde

sneklædte veje

isblomster på sideruden

Hverdagstanker

morgentrafik

fritflyvende drømme

Solen danser på iskrystaller

en vinter favner mig.

Sjælefred

Når dagen gryer så elsker jeg at sidde

på brinken der hvor åen løber ud

I søen med den store gamle gedde

jeg smider snøren ud og sidder ganske stille

lytter til min sjæl mens dagen vokser frem

Ham den gamle gedde står der dovent

og stirre op igennem vandets spejl

vi begge ved at jagten er en leg

som ingen af os ønsker får en ende

Og mens vi begge nyder dagens kommen

og søens travle smådyr vågner op

så drikker jeg en tår af termokaffen

og gedden tager en larve eller to

Så hilser den goddag og slår med halen

og smutter væk til nye eventyr

mens jeg går hjem

med fred I sjæl og krop.

Lander sagte I morgengryet

Båden slipper havn

mod ukendt kyst

sejler savnet I nattetimer

fyldt af tårer

ligger stumper af usagte ord

Månen flyder ud

gnistrer

lander sagte I morgengryet

løst hængende

venter stille hjerte

sover I stormen

danser livet uskyldshvidt

på florlette jomfrufødder

drømmende.

Uophørligt nærværende

Vinden er næsten utilstedelig
hvide skyer har farvet himlen
som en snemand står jeg
næsten umærkeligt leende

I træerne leger sol og måne
de sorte fugle deler tiden
I små spiselige bidder
tager jeg dagen med mig

Ved stationen tumler unger
dyr og indkøbsposer rundt
og rundt suser livet
uophørligt nærværende.

Skrøbeligt daggry

Nu sejler månen stille bort bag skoven
som en hale følger mørke skyer over himlen

Naboens hane ryster fortumlet fjerdragten på plads
en søvnig muldvarp lusker forsinket hjem
en solsort på morgenvagt gurgler hals I fuglebadet
mens en legesyg kat ser nysgerrigt til
afventende

Nu indtager dagens gudinde scenen
nu galer den frejdigt derovre naboens hane
et tørstigt pindsvin skramler på terrassen
mens solen forsigtigt
tager dagens første dansetrin på laden tag

Med en flad hånd spidser naboen sit syn mod horisonten
lydene fra dagens første trafik rammer ruden.

Stille

Hun danser for mig I nat
kaster lyset fra et hav
af stjerneskud drysser
gyldneglimtene katteøjne
som dovent ser ud
I intetheden skjuler
dagens løgne I natten
danser for mig danser
på min sengekant svinger
rytmisk forførende øjne
I mørke vinduer anes savn
som næsten uhørlige svanesange
fra dagens sidste timer
Fredfyldt lander jeg
på min pude ligger drømme
I kø som biler ved en bro
holder ventende ulæste
digte som drager
og lokker til elskov
over grænser mod lyset
fra morgenrøden hviskes
Stille stille stille…

Mine digte

Du kan slette mine digte

få dem fra hinanden

analysere dem itu

Du kan grave dem ned

kaste dem bort

lade dem forsvinde I vinden

Du kan kvæle dem

slå dem

eller tie dem ihjel

Men mine digte er som ukrudt

de spirer igen I morgen.

Ballerina

Ligesom snegrænsen rykker op

stiger mit humør I takt

efterlader kulsorte huller

ses tydeligt

jeg danser om dem

som en yndig ballerina.

Dit digt

Pludseligt

mens hunden logrer

forventningsfuldt ved døren

mens postbuddet

klapper med brevsprækken

og et par solsorte

ser hinanden an på terrassen

sidder jeg her

og bliver så glad I låget

af at læse dit digt.